Philip Michels

Fibel, oder Der erste Schreib-Lese-Unterricht für Elementarklassen

Philip Michels

Fibel, oder Der erste Schreib-Lese-Unterricht für Elementarklassen

ISBN/EAN: 9783743359956

Hergestellt in Europa, USA, Kanada, Australien, Japan

Cover: Foto ©Paul-Georg Meister /pixelio.de

Manufactured and distributed by brebook publishing software (www.brebook.com)

Philip Michels

Fibel, oder Der erste Schreib-Lese-Unterricht für Elementarklassen

Fibel,

— oder —

Der erste Schreib-Lese-Unterricht

— für —

Elementarklassen.

— Bearbeitet von —

Ph. Michels,

Lehrer in Louisville, Ky.

Louisville, Ky.:

Verlag von Henry Knöfel.

Das große Alphabet.

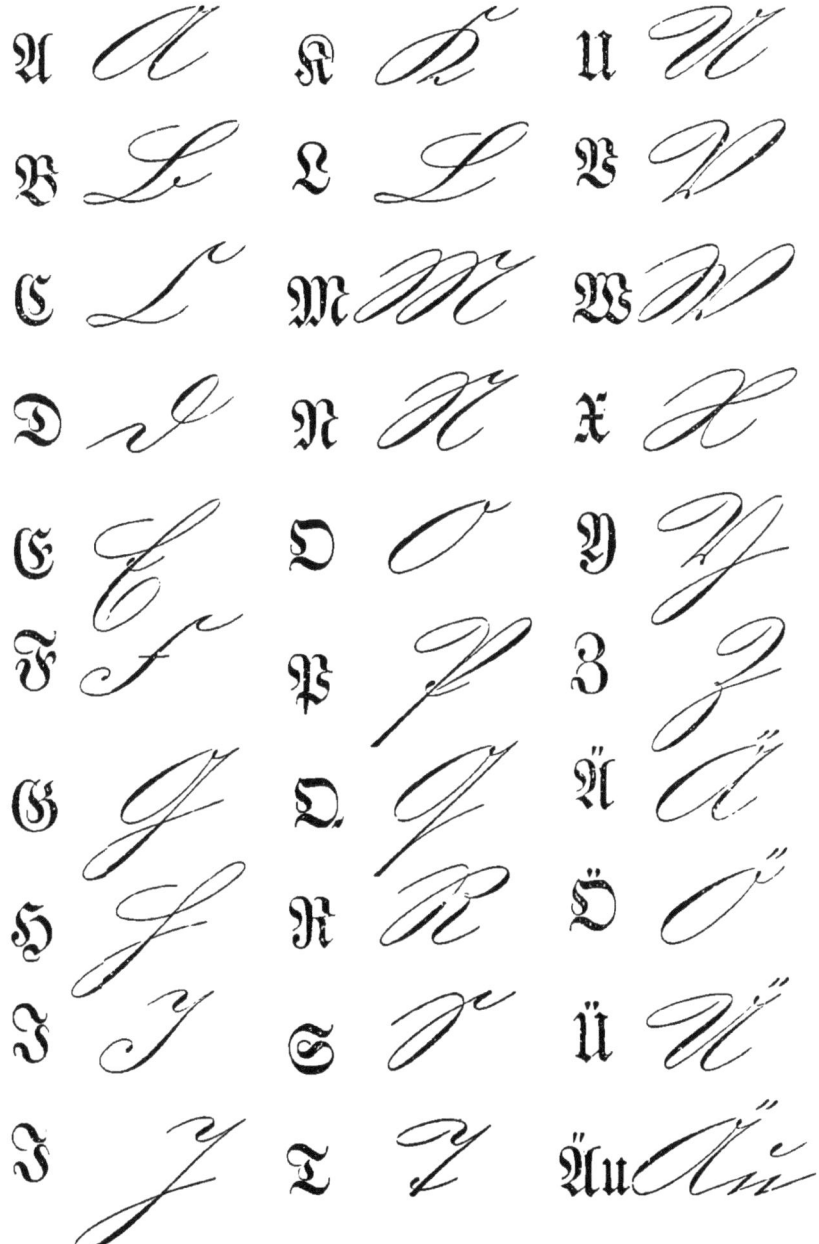

Das kleine Alphabet.

a		m		h	
b		n		z	
c		o		ä	
d		p		ö	
e		q		ü	
f		r		s	
g		ſ		ß	
h		t		ſt	
i		u		ſch	
j		v		tz	
k		w		ck	
l		x		ll	

Erster Theil.
Die kleinen Buchstaben.

i

m

u

im

iu

u

um, im, in,

um,   im,   in.

e ei

ein, ei=ne, nein, mein, mei=ne, nun.

e eu

neu, neu=e, neun, mein, ei=ne, nun, mein.

a

an, am, man, nein, mein, nein.

r

r

mir, eu = er, im = mer, arm, nur.

v, v.

v v

nein, ei = ner, nim = mer, von, vor,
vor = an, mir, mein.

w

wo, wer, wen, wei=nen, wa=ren, war=nen.
er war rein. — wer war rein? — wir wa=ren rein. — wo? — er war warm.

au, l.

lei=men, ler=nen, wol=len, wo=rin? wo=ran? wa=rum? wir ei=len. — wa=rum ei=len wir? — wir ler=nen. — wir wol=len ler=nen. — wo wol=len wir ler=nen?

ü, b.

ab, bei, v=b u w.

ü=ben, ne=ben, ü=ber, bau=en,
le=ben, lo=ben. — wir le=ben. —
wir ü=ben. — wir bau=en. wir
ler=nen. — wo war er? — er
war bei mir. — wer? —

d

Du, Dir, r=w=d u w.

Da, Dir, Dei=ne, ba=Den, Den, Dem,
lei=Den, wer=Den.
wir re=Den. — er war Da. — wir
wa=ren Da. — wo wa=ren wir?
— Da o=ben. —

ö t (d)

taub, mit, weit, be = ten, laut, tö =
nen, war = ten, ar = bei = ten.
re = de laut. — wir ar = bei = ten. —
er ar = bei = tet. — wir be = ten. —
er be = tet. — wo? —

ſ, s.

ſo, es, los, was, bis, le = ſen, das, ſein, lei = ſe,
bö = ſe, rei = ſen, ſau = er, ſel = ten, ſol = len, et =
was, — wir le = ſen. — er las. — was las er?
— er las et = was. — wo = rin las er? — er las
lei = ſe. — wir la = ſen laut. — was war das?

13

f, (v).

f (v.)

auf, faul, wai-fen.

ru = fen, lau = fen, lüf = ten, duf = ten, wer =
fen, fei = len. —
wir lau = fen. — wa = rum lau = fen wir?
— lau = fet nur vor = aus! — man lüf = tet
es. — was lüf = tet man? — was duf =
tet? — wer fei = let? —

ü, h.

ä, h.

hin, her, hoh-nn.

her = ein, hin = aus, hö = ren, hei = len, heu =
te, näh = en, mäh = en, leih = en, hin = ten,
ruh = en.
er näh = et. — wer? — wir seh = en hin =
ein. — er war hin = ter mir. — wir hö =
ren es an. — wer mäh = et? — was mäh =
et er? — wir ruh = en aus. — wo = von? —

k.

k

kam, kein, kei = ne, kei = me, kau = fe, mer = ken, kau = en, kom = men, ken = nen.
wir kön = nen et = was kau = fen. — was kön = nen wir kau = fen? — wir mer = ken auf. — mer = ke du nur auf! — wo?

g

gut, weg, geh = en, ger = ne, fa = gen, ge = ben, le = gen, lü = gen, ge = gen, be = we = gen, be = geg = nen, wa = gen.
er war mir gut. — wer? — wir le = fen ger = ne. — wir ge = ben es ab. — was? — wir fa = gen ja. — wir fa = gen das laut. — was? —

j (i)

ja, je = ner, je = de, je = ne, je = der, ja = gen,
jä = ten,
er sag = te ja. — wir sag = ten nein. —
je = ne le = sen. — je rei = ner, je bes = ser.
— o ja! — war je = der rein? — wir
sä = gen. — was ja = gen wir?

z

zu, zei = gen, zün = den, hei = zen, rei = zen,
bei = zen, wal = zen, wäl = zen, wür = zen.
hei = ze ein. — wa = rum? — wir zün = den
an. — was? — wir zei = gen es an. —
ich rei = ze dich. — wir wür = zen. — was? —

p (b)

pau = sen, pi = pen, per = len, paſ = sen, pei = ni = gen.
wir pau = sen. — wo? — es per = let. — was? — wo = rin per = let es? — wo = mit pei = ni = gen wir? —

ch (g)

ich, mich, dich, reich, weich, doch, hoch, la = chen, su = chen, ko = chen, wa = chen.
wo bin ich? — su = che mich! — wir rech = nen. — wir ko = chen. — wer? — wo? — was ko = chen wir heu = te? — wir wa = chen. — wo? —

17

sch

schön, rasch, vor-sehen.

schön, rasch, husch, schau = en, scha = den, fi =
schen, na = schen, wa = schen, ha = schen.
Das war schön. — wir geh = en rasch. — ich
scheu = e mich. — wir schau = en auf euch. —
scho = ne dich. — wir ha = schen euch. — wir
wa = schen. — was? — Dür = fen wir auch
na = schen? — er war fi = schen. — wo? —

ß

süß, heiß, bei-ßen.

süß, weiß, heiß, mä = ßig, mü = ßig, hei = ßen
bei = ßen, rei = ßen, wei = ßen.
es war dort heiß. — wo? — ich bei = ße an.
— wo = mit wei = ßen wir? — er saß vor
mir. — wir a = ßen es auf. — was? —

st

ist, bist, fest, lu = stig, dur = stig, ko = sten,
fa = sten, ro = sten, sto = ßen, ta = sten,
stei = gen. —
ich steh = e auf. — ich stei = ge hin = auf. —
wir ko = sten, was wir ko = chen. — wer ist
bei euch? — ich bin dur = stig. — er rech =
net rich = tig. — mit wem geh = en wir? —
wer ist reich? — heu = te ist es heiß. —
wo hast du mich ge = seh = en? — ich bin
dur = stig. — er zeich = net schön. — wo fin =
den wir dich? — sei fröh = lich! — wir le =
sen täglich. — ich bin klein, a = ber rein.

II. Die großen Buchstaben.

d, D.

d, D

Dach, Dorf, Donner.

(der — die — das)
Dach, Dä = cher, Da = me, Da = men, Dorf, Dör = fer, Dorn, Dor = nen, Dunst, Dün = ste, Docht, Doch = te, De = gen, Durst. — Das Dach ist hoch. — Das Dorf ist klein. — Der Docht ist rein. — Der De = gen ist schön. — Die Dor = nen ste = chen. —

o, O, ö, Ö.

o O ö Ö

O=fen, Ö=fen, Or=gel.

Ort, Öl, O = hei = me, Obst, Ot = to, O = stern, Dorf, Dunst, Durst, Don = ner. Die Or = gel ist neu. — Dein O = heim hat ei = nen De = gen. — Der O = fen ist heiß. —

a, A, ä, Ä.

a, A — ä, Ä

au, Au, äu, Äu.

au, Au — äu, Äu

Adler, Augen, Armel.

Arm, Ar = me, Au = ge, Au = gen, A = bend,
A = ben = de, Al = tar, Al = tä = re, Ast, Ä =
ste, An = ton, A = dam. —
Das Au = ge ist klar. — Am A = bend wird
es fin = ster. — Du hast zwei Ar = me. —

g, G.

g, G.

Gerbel, Gebot, Gürtel.

Gans, Gän = se. Gras, Grä = ser, Grab, Grä = ber, Glas, Glä =
ser, Ga = bel, Ga = beln, Gar = ten, Gär = ten, Gei = ge, Gei =
gen, Gelb, Gold, Arm, Au = ge.
Das Gras ist grün. — Die Gans schnat = tert. — Der Gar =
ten ist groß. — Die Gei = ge tönt.

s, S — sch, Sch.

Särge, Schäfer, Schlaf.

Sarg, Sär = ge, Sil = ber, Sei = ler, Sol =
dat, Schaf, Scha = fe, Schwein, Schwei = ne,
Schu = le, Schu = len, Schwe = ster, Schwe =
stern, Schnei = der, Glas, Gras, Gold.
Der Sei = ler ver = fer = tigt Sei = le. — Der
Schü = ler geht in die Schu = le. — Der
Schä = fer hü = tet die Scha = fe. — Die
Schwe = ster näh = et.

v, V.

Vater, Vogel, Verbot.

Volk, Völ = ker, Va = ter, Vä = ter, Vo = gel,
Vö = gel, Veil = chen, Vi = o = li = ne, Vet = ter,
Sei = ler, Schu = le. —

Die Gans ist ein Vo = gel. — Das Veil = chen duf = tet. — Der
Va = ter lobt die flei = ßi = ge Schwe = ster. — Die Vi = o = li = ne
heißt auch Gei = ge.

w, W — ai, ei

Wagen, Wurzel, Weg.

Wein, Wort, Wör = ter, Wurſt, Wür = ſte, Wurm, Wür = mer, Wald, Wäl = der, Wand, Wän = de, Wai = ſe, Wai = ſen, Sai = te, Va = ter, Vo = gel.
Die Wurſt wird ge = bra = ten. — Wo = rin? — Der Wein ſtär = ket. — Die Wai = ſe weint. — Wa = rum? Das Waſ = ſer iſt rein. — Wel = ches? — Die Wand iſt weiß. Die Gei = ge hat Sai = ten. —

n N.

Nabel, Namen, Neſt.

Netz, Ne = ſter, Nacht, Näch = te, Na = del, Na = deln, Na = ſe, Na = ſen, Na = men, — Wort, Wald, Wind. —
Das Neſt iſt rund. — Das Netz zer = reißt leicht. — Die Nacht iſt lang. — Sol = da = ten ha = ben häu = fig Nar = ben. —

m, M

Mänschen, Mädchen.

Mensch, Men = schen, Mon = tag, Mau = er, Mau = ern, Mut = ter, Müt = ter, Mond, Milch. — Der Mond scheint in der Nacht. — Mei = ne Mut = ter ist mir gut. — Die Magd holt mei = ner Mut = ter Milch. — Wo = rin holt man Milch? —

r R

Reiß, Räder, Rauch.

Rad, Rä = der, Reis, Rei = fer, Rind, Rin = der, Rand, Rän = der, Rü = be, Rü = ben, Ra = be, Ra = ben, — Mond, Mund, Mäd = chen. —

Das Rind wei = det auf der Wei = de. — Die Rä = der dreh = en sich. — Die Ro = sen ha = ben Dor = nen. — An je = dem Wa = gen seh = en wir Rä = der — Der Reiß ist weiß. —

i, J, j, J.

i J — j J.

Igel, Insel, Januar.

J = da, Jl = tis, Ju = ni, Ju = li, Jä = ger,
J = gel, Jakob. — Wort, Netz.
J = da ist ein Na = me für ein Mäd = chen.
— Der J = gel ver = birgt sich im Wal =
de. — Der Ja = nu = ar ist der er = ste Mo =
nat. — Ja = kob ist ein flei = ßi = ger Schü =
ler. — Ich auch? — Ja! — Sei flei = ßig.
— Die Ju = sel ist grün. — Der Jä = ger
jagt. — Was?

e, E = ei, Ei, eu, Eu.

e E — ei Ei — eu, Eu.

Eiche, Eule, Gustav.

Ei, Ei = er, Ei = che, Ei = chen, Erz, Er = ze, Eu = le.
El = le, E = sel, Ei = mer, Eich = hörn = chen. Insel. —
Das Ei ist weiß. — Der Ei = mer ist von Ei = sen.
— Das Erz ist schwer. — Die Eu = ten le = gen
Ei = er. — Die Ei = che hat star = ke Ä = ste. —

f, F.

Feuer, Farbe, Feder.

Fleiß, Fla = sche, Feld, Fel = der, Fels, Frau, Freund, Frucht, Früch = te, Fuß, Fü = ße, Fen = ster, Fisch, Fleisch. — Die Frau kocht das Fleisch. — Wo = rin? — Die Fla = sche zer = bricht leicht. — Der Freund grüßt. — Die Frucht ist reif. — Wir ha = ben hoh = e Fen = ster in un = se = rer Stu = be. — Das Feu = er rich = tet oft Scha = den an. —

l, L.

Leben, Lampe, Lüge.

Leib, Lei = ber, Licht, Leu = te, Ler = che, Löf = fel, Last, Lärm, Luft, Land. — Freund, Fleisch, Fen = ster. — Ich hö = re den Lärm. — Wo = mit hörst du? — Die Lam = pe wird an = ge = zün = det. — Wa = rum? — Die Luft ist rein. — Die Ler = chen er = he = ben sich hoch in die Lüf = te. — Man = chem Men = schen ist das Le = ben ei = ne Last. —

b, B.

Baum, Bücher, Bänder.

Bach, Bä-che, Bild, Bil-der, Berg, Ber-ge, Band, Blu-me, Blei, Bür-ste, Buch, Bi-bel, Bru-der.

Der Berg ist hoch. — Die Blu-me ist schön. — Das Bild hängt an der Wand. — Wo ist der Bru-der? — Die Bi-bel ist ein hei-li-ges Buch. —

h, H.

Häuser, Hals, Holz.

Hut, Hü-te, Hir-sche, Ha-fer, Haupt, Herz, Him-mel, Hecht, Herbst, Han-del, Hu-sten, Hun-de, Heu. —

Das Herz schlägt in der Brust. — Der Hirsch lebt im Wal-de. — Der Jä-ger ver-folgt das Wild. — Das Holz ist hart. — Der Him-mel ist blau. — Die Hun-de be-wa-chen die Häu-ser. — Die Mäd-chen ha-ben im Win-ter war-me Hü-te. — Heu war einst Gras, und Eis, was war das? — Wer weiß es? —

u, U, ü, Ü.

u, U — ü, Ü.

Uhr, Übel, Un-ruhe.

Ul = me, Ul = men, Ur = sa = che, Ü = ber = zug, Un = ter = richt. — Hecht, Hirsch, Haupt, Herbst. Die Ul = me ist hoch. — Das U = fer ist steil. — Wir er = hal = ten Un = ter = richt in der Schu = le. — Der U = hu ist ei = ne gro = ße Eu = le. —

k, K.

k. K.

Kinder, Kugel, Küchen.

Korb, Kör = be, Kalb, Käl = ber, Kopf, Köp = fe, Klei = der, Knecht, Kei = me, Kö = nig, Ku = chen, Kir = che, Kna = ben, Kin = der, Kar = tof = fel, Kir = sche, Kan = zel.

Die Er = de ist ei = ne Ku = gel. — Das Kind spielt mit dem Korb. — Der Ku = chen ist süß. — In der Kir = che ist ei = ne Kan = zel. — Die Kir = schen ha = ben Ker = ne. —

t. T.

Tulpe, Trauben, Topf.

Tag, Ta = ge. Tisch, Traum, Trau = ben, Ta = schen, Ta = fel, Tan = te, Toch = ter, Tuch, Tul = pe, Tod, Teich, Teig.

Die Tas = se ist rund. — Wir schrei = ben oft im Takt. — Karl trägt den Topf auf dem Kopf. — Ei = ne Ta = fel ist in je = der Schul = stu = be. — Auch im Win = ter hat man schö = ne Tul = pen. — Die Gän = se hal = ten sich ger = ne auf den Tei = chen auf. — Wel = cher Tag ist der er = ste in der Wo = che?

p P.

Pudel, Pachter, Papa.

Pult, Pferd, Pein, Paul, Pech, Pfund, Pu = del, Pflug, Post, Pin = sel, Pum = pe, Per = le, Pup = pe. — Das Pferd trägt den Rei = ter. — Die Mäd = chen ha = ben gern Pup = pen. — E = mil schreibt an dem Pult. — Die Pu = del ler = nen gut tan = zen. — Mit dem Pul = ver muß man vor = sich = tig sein. —

3. 3.

Zaum, Zaun, Zeug, Zelt, Zwerg, Zim = mer, Zir = kel, Zäu = me, Zap = fen, Zorn, Zeit, Zwirn. — Der Zweig ist grün. — Der Zwerg ist klein. — Mei = ne Schür = ze ist alt. — Der Zaun ist um den Gar = ten. — Wir ha = ben schon man = che Zei = le ge = le = sen. — Mit dem Zü = gel lei = tet der Rei = ter das Pferd. — Die Zeit ver = geh = et in Ei = le. —

qu, Qu (kw.)

quä = len, quet = schen, quel = len, be = quem, qua = ken, Qual, Qua = sten. —
Die Frö = sche qua = ken. — Wo? — Mein Kleid ist be = quem. — Die Lam = pen qual = men oft. — Mein Va = ter quit = tirt. — Was? —

x, X.

fix, Max, Axt.

He = xen, ta = xi = ren, be = xi = ren.
Es sind kei = ne He = xen in der Welt. — Be = xi =
ren heißt pla = gen, quä = len, oder zer = ren. — Wir
sind fix und fer = tig. — Wo = mit? —

Zweiter Theil.

I. Schärfung des Selbstlautes.

nn, mm, rr.

Mann, wann, dann, kann, wenn, dünn, Kinn, Zinn, Tanne, Sonne, Donner, Rinne, Tenne, rennen, nennen, können; — dumm, komm, fromm, nimm, schlimm, Kamm, Lamm, Kammer, Schimmel, Himmel, Zimmer; — dürr, Herr, starr, irren, murren, klirren, scharren, knurren.

Der Halm ist dünn. Wir können unsere Namen nennen. An den Federn erkennt man den Vogel. Ein braver Mann hilft wo er kann. Das Lämmchen hüpft auf der Weide. Im Sommer scheint die Sonne oft heiß. Der Bär brummt, und der Käfer summt. Sei immer fromm und gut. Wenn das Gras dürr ist, nennt man es Heu. Wir dürfen nicht scharren. Womit? Die Fenster klirren.

ff, ss, (ß) ll.

Schiff, Affe, Waffen, offen, hoffen, schiffen, treffen, schaffen, Ziffer, Griffel Löffel; — essen, messen, lassen, Wasser, Messer, Kessel, Tasse, Gasse, naß, blaß, wissen, Kissen, Fuß, Fluß, Schuß; — voll, soll, hell, will, Fell, Null, Schall, Welle, Teller, fallen, füllen, Keller, Schelle, Wolle, bellen.

Wer hat schon ein Schiff gesehen? — Die Affen brauchen beim Essen keinen Löffel. In den Fässern ist Wein, Essig oder Wasser.

Mit dem Griffel kann ich Ziffern schreiben. Worauf schreibt man mit dem Griffel? Wer nicht arbeiten will, der soll auch nicht essen. Gleich und Gleich gesellt sich gern. Ende gut, Alles gut. Das Schiff schwimmt auf den Wellen des Wassers.

bb, pp, tt.

Ebbe, Robbe; — Lippe, Rippe, Suppe, Puppe, Pappe, Kappe, Pappel, Lappen, nippen, klappen, Treppe; — Bett, Gott, satt, matt, bitter, Ritter, Bitte, Kette, Futter, Vetter, Mutter, Butter, Wetter, Dotter.

Die Mädchen haben gern Puppen. Ich esse die Suppe mit dem Löffel. Die meisten Mappen sind aus Pappe gefertigt. In dem Ei ist ein Dotter. Lotte und Henriette kleiden die Puppen an. Gott läßt seine Sonne aufgehen über Gute und Böse.

gg, ck, (kk) tz.

Egge, Roggen, Dogge, Flagge, eggen; — dick, Rock, Bock, Stock, Sack, Ecke, Decke, Hacke, Bäcker, pflücken, flicken, schicken, Mücke, Zucker, Rücken; — Sitz, Satz, Netz, Putz, Platz, Katze, Mütze, Hitze, Tatze, sitzen, schwitzen, nützen, jetzt, plötzlich.

Mit der Egge wird das Getreide geeggt. Jedes Schiff hat eine Flagge. Die Bäcker backen Brod und Kuchen. Der Mann hackt mit der Hacke. Eine Glocke von Zucker tönt nicht. Wenn dich die bösen Buben locken, so folge nicht! Der Blitzableiter schützt die Gebäude vor dem Blitz. Der beste Schatz ist ein ruhiges Gewissen.

II. Dehnung des Selbstlautes.

aa, ah, äh -- oo, oh, öh.

Aal, Aas, Saat, Saal, Paar, baar, Haare, Waare; — kahl, lahm, zahm, wahr, Kahn, Zahn, Bahn, Zahl, Jahr, Fahrt, Fahne, Mähne; — Moos, Boot, Moor, Loos; — Ohr, Sohn, Lohn, Kohl, hohl, Bohne, wohnen; — Öhr, Röhre, Höhle, gewöhnen.

Der Aal ist ein Fisch. Die Saat ist grün. Der Kaufmann kauft die Waare für baares Geld. Der Hahn hat einen Kamm. Der Hund hat scharfe Zähne. Aus Moos macht man Kränze. Das Moor ist ein sumpfiger Boden. Der Mohr hat eine schwarze Haut. In dem Wohnhause wohnen Vater und Mutter, Söhne und Töchter. Rede stets die Wahrheit.

ee, eh -- uh, üh.

Meer, leer, See, Schnee, Klee, Kaffee, Beet, Allee; — Reh, Mehl, mehr, sehr, Lehrer, Ehre, Gewehr, stehlen, nehmen, gehen; — Kuh, Uhr, Schuh, Ruhm, ruhen, Ruhr; — kühl, kühn, Mühle, blühen. Gefühl, rühmen.

Der Schnee wärmt im Winter die Saaten. Das Meer wird auch die See genannt. Die Seele kann ich nicht sehen. Der Hehler ist so gut als der Stehler. Des Nachts ruhen wir im Bette. Die Hühner legen Eier. In der Mühle wird das Korn zu Mehl gemahlen.

ie, ih, ieh.

Dieb, Hieb, nie wie, sie, die, fiel, vier, viel, tief, schief, sieben, Siegel, Wiege, Wiese, Spiegel, Stiefel, Diener; — ihr, ihn, ihre, ihnen; — ziehen, fliehen, Vieh.

Die Bienen fliegen auf die Wiesen. Wie die Saat, so die Ernte. Mit dem Siegel wird der Brief gesiegelt. Eltern lieben ihre Kinder. Das ist ihr Buch. Wer stiehlt, ist ein Dieb. Mit dem Lineal zieht man Linien. Worauf?

eih, auh, — th, ß.

Seihe, seihen, leihen, reihen, weihen, verzeihen; — rauh; — Thal, Thor, Thee, Thüre, roth, Loth, Muth, Rath, Noth, Pathe, Ruthe, Thier, Thurm, Wirth, Werth, theuer, Theodor; — süß, heiß, groß, Fuß, Gruß, weiß, fleißig, Meißel, Weißbrod.

Unrecht Gut gedeiht nicht. Die Magd seiht die Milch durch die Seihe. Jener Stein ist rauh. Der Zucker schmeckt süß. Ich habe zwei Füße. Esset ihr gerne Weißbrod? Manche Menschen gerathen leicht in Wuth. Was Gott thut, das ist wohlgethan.

Dritter Theil.

Verschiedenheit der Aussprache einiger Laute.

ch, g.

(Gaumenhauch nach: a, o, u und au.)

ach, Dach, Tag, hoch, sog, zog, log, Loch, Buch, Tuch, Pflug, klug, schlug, machen, Magen, Sachen, sagen, wachen, Wagen, Woge, Woche, Bogen, pochen, suchen, fluchen, auch, Bauch, taugen, tauchen, saugen, hauchen.

ch, g.

(Zungenhauch nach: i, ä, ö, ü, ei, ai, eu, und äu.)

ich, dicht, nicht, mächtig, prächtig, brechen, mögen, möchten, Töchter, Bücher, lügen, tüchtig, flüchtig, reich, zeigen, Zeichen, laichen, euch, Zeug, feucht, läugnen, räuchern.

Wo bin ich? Such' mich rasch! O ich höre schon, wo du bist, nun sehe ich dich auch, da bist du ja! — Ich bin da, du bist auch da!

ng, nk.

bang, lang, jung, Ding, Ring, Klang, singen, hangen, fangen, Gesang, Pfingsten, Gefängniß, Finger; — krank, trink, flink, Bank, Zank, Wink, Schrank, Geschenk, Trank, danken, zanken, winken, Gezänk.

st, sp.

steif, still, stark, stumpf, Stock, Stuhl, Stein, Stadt, Stufe, Stunde, Stimme, stechen, stehlen; — spät, spitz, Speck, Sperling, Sprache, Spiegel, Speichel, Sprichwort, spielen, springen.

Mond und Stern, mir so fern,
Mond und Stern, hab' euch gern.

ph (wie f).

Joseph, Adolph, Rudolph, Philipp, Sophie, Prophet, Pharao, Alphabet.

Joseph und Philipp sind Namen für männliche Personen. Josephine und Philippine sind Namen für weibliche Personen. Alle Buchstaben zusammen nennt man das Alphabet.

c, C.

(vor a, o, u, au, und allen Mitlauten wie k.)

Capelle, Cattun, Doctor, Vocal, Clavier, Consonant, curiren.

c, C.

(vor e, i, ä und ö wie z — sonst wie k.)

Centner, Citrone, Cäcilie, Cisterne, Recept, December, Concert, Medicin.

Ein Vocal ist ein Selbstlaut. Ein Consonant ist ein Mitlaut. Hundert Pfund sind ein Centner. Das Concert ist zu Ende. Die Citrone ist frisch. Der December ist der letzte Monat im Jahre.

ch, Ch.

(wie k.)

Chor, Christ, christlich, Christoph, Choral, Charfreitag.

Christus starb am Kreuze. Am Charfreitag feiern die Christen das Andenken an das Leiden und Sterben Jesu Christi. Der Choral ist ein Kirchengesang.

chs.

(ch vor s wie k.)

Ochs, Fuchs, Dachs, Lachs, Wachs, Flachs, Büchse, sechs, wachsen, Achsel, Eidechse, wechseln, drechseln.

Sechs ist mehr als fünf. Um wie viel? Der Lachs ist ein Fisch. Das Wachs brennt. Auf dem Felde wächst der Flachs. Der Fuchs stiehlt Enten und Hühner.

ti.

(Vor allen Selbstlauten wie zi.)

Nation, Portion, Patient, Ration, Pontius, Station.

Wir essen eine Portion Kartoffeln. Das Pferd erhält eine Ration Heu und Hafer. An der Eisenbahn sind viele Stationen, das heißt Haltestellen. Wer krank ist, den nennt man einen Patienten. Nation bedeutet Volk.

y, Y.

(wie i.)

Der Buchstabe y, Y, heißt Ypsilon und wird wie i ausgesprochen. — Der Cylinder ist eine Walze. Der Syrup ist süß.

Sprech= und Sprach=Uebungen.

Der Hahn kräht. Der Hund bellt. Der Baum blüht. Der Mond glänzt. Der Wald grünt. Der Frosch hüpft. Der Wind heult. Der Koch kocht. Der Zahn schmerzt. — Die Uhr schlägt. Die Maus nascht. Die Magd wäscht. Die Frau näht. Die Gans schwimmt. Die Frucht reift. Die Brust schmerzt. Die Luft weht. Die Bank steht. — Das Glas bricht. Das Korn blüht. Das Kleid wärmt. Das Schaf blökt. Das Gras wächst. Das Kind lacht. Das Licht brennt. Das Schiff schwankt. Das Mehl stäubt.

Der Hals ist dünn. Der Bär ist wild. Der Fuchs ist schlau. Der Wein ist süß. Der Pelz ist warm. Der Kopf ist rund. Der Hahn ist alt. Der Rock ist eng. Der Baum ist grün. Der Thurm ist hoch. Der Mann ist krank. — Die Hand ist klein. Die Uhr ist neu. Die Kuh ist fett. Die Bank ist lang. Die Milch ist süß. Die Maus ist klug. Die Wand ist stark. — Das Glas ist rein. Das Holz ist dürr. Das Meer ist tief. Das Pferd ist stark. Das Blei ist weich. Das Kind lernt leicht. Das Kleid hält warm. Das Thal ist lang. Das Brod ist hart.

Der Schüler schreibt. Der Knabe springt. Der Vater lacht. Der Löwe brüllt. Der Jäger schießt. Der Vogel singt. Der Adler fliegt. Der Lehrer spricht. Der Maler malt. Der Müller mahlt. Der Wagen rollt. — Die Tulpe blüht. Die Mutter näht. Die Wiese grünt. Die Ente schwimmt. Die Biene sticht. Die Nelke riecht. Die Wunde schmerzt. Die Sonne scheint. — Das Feuer brennt. Das Wasser wogt. Das Mädchen spricht. Das Silber glänzt. Das Vöglein schläft. Das Wasser kocht. Das Fenster klirrt. Das Schäfchen blökt. Das Lüftchen weht.

Der Bauer ackert. Der Schäfer hütet. Der Wächter

wachet. Der Bettler bittet. Der Arme hungert. Der Schiffer rudert. Der Fromme betet. Der Vogel flattert. — Die Schwester häkelt. Die Mutter lächelt. Die Mühle klappert. Die Linde blühet. Die Sonne wärmet. Die Suppe dampfet. Die Rose duftet. Die Pappel zittert. Die Glocke tönet. Die Ziege meckert. — Das Messer schneidet. Das Mädchen spielet. Das Kindlein lächelt. Das Auge glänzet. Das Schlafen stärket.

Der Frosch quakt im Wasser. Der Storch sitzt am Brunnen. Der Hahn kräht im Stalle. Der Fisch schwimmt im Flusse. Der Wind weht aus Morgen. — Die Milch steht im Topfe. Die Gans geht im Grase. Die Frucht fällt vom Baume. Die Bank steht am Fenster. Die Post fährt nach Frankfurt. — Das Kleid macht der Schneider. Das Glas steht im Schranke. Das Brod bäckt der Bäcker. Das Schaf gibt uns Wolle. Das Gras wächst im Garten. Das Haus hat zwei Thüren. Das Schaf hat vier Füße.

Der Vater schreibt eine Rechnung. Der Esel trägt schwere Lasten. Der Vogel singt schöne Lieder. Der Müller braucht viele Säcke. Der Winter bringt manche Freuden. Der Maurer baut hohe Häuser. Der Schüler lernt seine Verse. — Die Sonne scheint alle Tage. Die Nelke blüht alle Sommer. Die Mutter strickt warme Strümpfe. Die Schwalbe baut schöne Nester. Die Taube frißt gerne Körner. Die Wiese grünt wieder. — Das Wasser treibt hohe Wellen. Das Eisen gibt feste Ketten. Das Schäfchen folgt seinem Hirten. Das Beten macht fromme Menschen. Das Mädchen pflückt frische Blumen. Das Schulhaus hat viele Fenster.

Der kleine Karl malt bunte Bilder. Der bunte Pfau frißt weiche Körner. Der große Teich hat viele Fische. Der alte Thurm hat dicke Mauern. Der dunkle Wald birgt viele Hasen. Der arme Greis geht an der Krücke. Der blinde Mann hat großen Kummer. Der kranke Otto weint bittere Thränen. — Die junge Frau kauft rothe Seife. Die goldene Uhr geht immer richtig. Die neue Magd thut ihre Pflichten. Die schlechte Schrift wird ausgestrichen. Die liebe Sonne geht langsam unter. Die rothe Rose gibt süße Düfte. Die tiefe See treibt hohe Wellen. Die kleine Hand hat kleine Finger. — Das weiße Kalb säuft warmes Wasser. Das kranke Kind schläft süßen Schlummer. Das alte Haus hat kleine Fenster. Das müde Roß frißt frischen Hafer. Das neue Buch hat viele Bilder.

a, b, c, d, e, f, g, h, i, j, k, l, m, n, o, p, q, r,
a, b, c, d, e, f, g, h, i, j, k, l, m, n, o, p, q, r,
s, ss, t, u, v, w, x, y, z.
f, ff, t, u, v, w, z, y, z.

A, B, C, D, E, F, G, H, I, J, K,
A, B, C, D, E, F, G, H, I, J, K,
L, M, N, O, P, Q, R, S, T, U, V,
L, M, N, O, P, Q, R, S, T, U, V,
W, X, Y, Z.
W, X, Y, Z.

Adam,	Berg,	Cain,	David,	Emil,	Friedrich,
Adam,	Berg,	Cain,	David,	Emil,	Friedrich,
Georg,	Hand,	Insel,	Julius,	Karl,	Ludwig,
Georg,	Hand,	Insel,	Julius,	Karl,	Ludwig,
Maerz,	Name,	Otto,	Philipp,	Quelle,	Regen,
März,	Name,	Otto,	Philipp,	Quelle,	Regen,
Sonntag,	Tugend,	Uhr,	Vogel,	Wagen,	X,
Sonntag,	Tugend,	Uhr,	Vogel,	Wagen,	X,
Y,	Zahn.				
Y,	Zahn.				

Vierter Theil.

Lesestücke.

1. Das Elternhaus.

Von allen Häusern in der Welt
Das Elternhaus mir wohlgefällt;
Ich bin bei Vater und Mutter so gern,
Doch geh' ich zur Schule, damit ich lern'.
Wenn aber ist die Schule aus,
Dann lauf' ich in's liebe Elternhaus:
   „Guten Tag, lieber Vater, liebe Mutter mein!
   Nun darf ich wieder bei euch sein."
Dann spricht der Vater: „Bist fleißig gewesen?
Und kannst du bald im Buche lesen?"
   „O ja, lieber Vater! Komm' gib einmal Acht,
   Ob heute ich habe Fortschritte gemacht!"
Wie freuen sich dann Vater und Mutter sehr;
D'rum lerne von Tag zu Tag ich mehr.
Gern' geh' ich zur Schule, doch ist sie aus,
So laufe ich schnell zum Elternhaus.

2. Die Schule.

   In der Schule ist es ganz anders, als zu Hause in der Stube. Die Kinder sitzen da auf Bänken still neben einander und haben ihre Augen aufmerksam auf den Lehrer gerichtet.

Auf des Lehrers Wort holen die Kinder ihr Lesebuch schnell und ohne Geräusch aus dem Pulte hervor. Jedes muß lesen. Da merkt der Lehrer bald, wer zu Hause fleißig gewesen ist. Das Kind, das gern das Ganze lesen möchte, das nachzeigt, wenn Andere lesen, das sein Buch so hübsch und rein hält: — Das Kind sieht der Lehrer freundlich an und ist sicher fleißig gewesen. Vom Lesen geht's an's Schreiben. Da muß man gut auf die Linien sehen, so werden bald die Buchstaben schön. — Dann kommt das Rechnen an die Reihe. Das ist nicht leicht. Darum freuen sich die Kinder auch, wenn sie eine Aufgabe richtig gelöst haben, und der Lehrer freut sich gewiß auch. — Der Lehrer erzählt oft von fleißigen, guten Kindern, wie sie tüchtige Menschen geworden sind und viel Gutes gethan haben; von der Erde, wie schön sie ist; von Sonne, Mond und Sternen, wie groß und weit entfernt sie sind, und vom lieben Gott, der Alles so schön gemacht hat. Da möchte ich immer gern zuhören. Aber wie schnell die Zeit in der Schule dahin geht! Schon schlägt die Uhr zum Schluß. Der Lehrer gibt uns eine Hausaufgabe, und ruhig und ordentlich gehen wir nach Hause. Auf dem Wege denke ich oft:

"O, wie ist es schön
"In die Schule geh'n
"Und was lernen d'rin!
"Jeder Augenblick
"Mehret da mein Glück,
"Schwebt genützt dahin."

3. Der fleißige Schüler.

Sonst war ich klein, jetzt bin ich groß,
Lern' lesen, rechnen, schreiben,
Sitz' nicht mehr auf der Mutter Schooß,
Ich mag zu Haus nicht bleiben.
Sobald zur Schul' das Glöcklein schlägt,
So greif' ich nach dem Buche,

Der Griffel ist zurecht gelegt,
Daß ich nicht lange suche.
Und in der Schule merk' ich auf,
Damit ich Alles lerne;
D'rum hat mich auch, ich wette d'rauf,
Mein Lehrer schon recht gerne.

---

4. Der träge Schüler.

„Ach die Schule ist so eng',
„Mag da nicht hinein,
„Will viel lieber mich im Frei'n
„Meines Lebens freu'n."

Ja, der Knabe freute sich;
Doch wie ward's alsdann?
Aus dem wilden Knaben wuchs,
Ach, ein armer Mann.

---

5. Die guten Kinder.

Drei kleine Geschwister saßen beisammen und redeten von Vater und Mutter. Der ältere Bruder sagte: „Gestern hat mir der Vater ein neues Buch gegeben." Die Schwester sprach: „Am Sonntag habe ich von der Mutter eine schöne Schürze bekommen." Das Brüderlein sagte: „Heute Abend gibt uns die Mutter Kuchen und Milch. Darauf sagten sie zu einander: Wie gut sind doch Vater und Mutter!" — Der Bruder aber erzählte von einem Mädchen, dem Vater und Mutter gestorben waren. Da sahen die Kinder einander still an, und das Brüderlein sprach: „Unsere Mutter darf nicht sterben!" Sie gingen bald hinein in's Haus und schmiegten sich an Vater und Mutter, und sie waren nirgends so gern, als bei den Eltern.

6. Der unmäßige Ernst.

Ernst bekam von seiner Großmutter an seinem Geburtstag einen schönen Kuchen geschenkt, mit Zucker und Rosinen darin. Darüber freute sich Ernst sehr, denn er war ein Leckermaul. Als er allein war, betrachtete er seinen Kuchen mit Wohlgefallen. Ein Stückchen, dachte er, willst Du jetzt essen. Er aß aber ein Stückchen und noch ein Stückchen, und so lange — bis er den ganzen Kuchen aufgezehrt hatte. Da erst that es ihm leid. Bald nachher bekam er heftige Leibschmerzen und weinte bitterlich. Der Vater sprach: „Wer nicht hören will, muß fühlen. — Ich habe es Dir schon oft gesagt, daß Du mäßig sein sollst." — Ernst besserte sich nicht, sondern aß und trank sehr viel. Da wurde er krank und starb.

„Wem nicht zu rathen ist,
Dem ist auch nicht zu helfen.'

---

7. Was soll das Kind fleißig lernen?

Wahrheit reden, Lügen fliehen,

Blümlein pflanzen, Bäumchen ziehen,

Alte ehren, Blinde leiten,

Gutes denken, Böses meiden,

Hände waschen, Kleider schonen,

Dienste leisten, Freundschaft lohnen,

Wohlthat merken, Leid vergessen,

Wasser trinken, Schwarzbrod essen,

Bücher lesen, Lieder singen,

Arbeit suchen, Nutzen bringen,

Laster hassen, Tugend lieben,

Dies nur will ich fleißig üben.

8. Die Schlüsselblume.

Die Schlüsselblume gehört zu den schönsten Blumen des Frühlings. Ihre Blätter kommen alle aus der Wurzel; ebenso der schlanke, aufrechte Stengel mit seinen Blüthen, die so schön aussehen und so lieblich riechen. Bienen und Hummeln besuchen die Schlüsselblume fleißig und saugen Honig daraus, und die Mägdlein pflücken sie mit dem blauen Veilchen zum wohlriechenden Strauß. — Die Namen „Schlüsselblume" und „Himmelsschlüssel" hat man ihr gegeben, um damit anzudeuten, daß sie den Frühling eröffnet und den Himmel und die schöne Blumenwelt uns aufschließt.

---

9. Vergißmeinnicht.

Als Gott der Herr Himmel und Erde erschaffen hatte und Alles, was auf der Erde ist, gab er den Pflanzen ihre Namen und befahl, die Namen wohl zu behalten. Ein Blümlein aber, blau von Farbe, wie der wolkenlose Himmel, kam bald darauf zurück zu dem Schöpfer. Mit einer Thräne im Auge sagte es klagend: „Herr, ich habe im Geräusch der Menge meinen Namen vergessen. Wie hast Du mich genannt?" Und der Herr sprach: „Vergiß—mein—nicht!"

Als das Blümlein der Rede nachdachte, zog es sich zurück an den stillen Bach in die Einsamkeit. Da glänzen bis auf diesen Tag die blauen Äuglein der Pflanze mit den goldenen Sternen in der Mitte. — Wenn aber Jemand das Blümlein sucht und pflückt, so ruft ihm noch heute der liebe Gott durch dasselbe zu: „Vergiß—mein—nicht!"

10. Was hast denn du?

Die Schnecke hat ein Haus
Ein Fellchen hat die Maus,
Der Sperling hat Federn fein,
Der Schmetterling schöne Flügellein,
Nun sage mir, was hast denn du?
Ich habe Kleider und auch Schuh',
Und Vater und Mutter, Lust und Leben,
Das hat mir der liebe Gott gegeben.

---

11. Axt und Stiel.

Axt und Stiel waren uneinig; jedes lag in einer andern Ecke und schmollte. Sonst hatten sie ihre Arbeit zusammen verrichtet, sich nie getrennt und waren dabei schön und blank geblieben. Jetzt war keins mehr zu gebrauchen. Wären sie klug gewesen und hätten sie sich versöhnt, mit ein paar Hammerschlägen wären sie wieder vereinigt gewesen. Allein die Axt sagte: „Ich will doch dem dummen Stiele keine guten Worte geben," und der Stiel brummte: „Die naseweise Axt kann lange warten, bis ich wiederkomme." So blieb jedes in seiner Ecke und trotzte.

Als sie ein Jahr gelegen hatten, kam der Herr und fand zuerst die Axt. Da sagte er zur Magd: „Wirf diese verrostete Axt in den Eisenkasten, denn sie ist nichts mehr werth, und wenn ein Trödler kommt, verkaufe sie für ein paar Pfennige; und diesen alten Stiel verbrenne in der Küche, ehe er vollends verfault. Morgen aber gehe zum Schlosser und bestelle eine neue Axt mit einem neuen Stiele."

---

12. Die grüne Stadt.

Ich weiß euch eine schöne Stadt, die lauter grüne Häuser hat; die Häuser, die sind groß und klein, und wer nur will, der darf hinein. Die Straßen, die sind freilich krumm, sie führen hier und dort herum; doch stets gerade fortzugehen, wer findet das wohl allzuschön? Die Wege, die sind weit und breit mit bunten Blumen überstreut; das Pflaster, das ist sanft und weich, und seine Farb' den Häusern gleich. Es wohnen viele Leute dort, und alle lieben ihren Ort; ganz deutlich sieht man dies daraus, daß jeder singt in seinem Haus. Die Leute, die sind alle klein, denn es sind lauter Vögelein, und meine ganze grüne Stadt ist, was den Namen Wald sonst hat.

---

13. Der Fuchs und der Bock.

Der Fuchs war einmal in einen Brunnen gefallen und wußte nicht, wie er wieder herauskommen sollte. Da schaute ein Ziegenbock in den Brunnen hinein und fragte verwundert: „Ei, Fuchs, wie kommst du in den Brunnen? Du mußt wohl großen Durst haben und das Wasser muß gut sein!" — „Ja Freund," antwortete der schlaue Fuchs, so ein süßes Wasser hab' ich in meinem Leben nicht getrunken. Komme zu mir und trinke Dich satt; hier ist Wasser genug für uns beide." — Da sprang der Ziegenbock in den Brunnen hinab, um das süße Wasser auch zu kosten. Der Fuchs aber stieg auf die Hörner des Ziegenbocks und mit einem tüchtigen Satze sprang er zum Brunnen heraus. „Laß Dir's gut schmecken!" rief er dem betrogenen Ziegenbocke zu, und lief davon.

---

14. Fürchte nichts.

Gott ist, wo die Sonne glüht,
Gott ist, wo das Veilchen blüht,
Ist, wo jener Vogel schlägt,
Ist, wo dieser Wurm sich regt.
Ist kein Freund, kein Mensch bei dir,
Fürchte nichts, dein Gott ist hier.

15. Karl und die Bienen.

Der kleine Karl war ein liebenswürdiger Junge, allein er hatte einen schlimmen Fehler an sich, er konnte leicht aufbrausend und sehr zornig werden. Da wäre es ihm aber einmal bald sehr schlecht gegangen. Er ging nämlich im Garten auf und ab, brach sich eine Rose, um sich an dem süßen Duft zu erquicken. Tief steckte er sein kleines Stumpfnäschen in die Rose, that dann einen lauten Schrei und warf die Rose weg. Ein Bienchen, welches in der Rose gewesen war, hatte ihn gestochen. Jetzt wurde Karl wüthend, und da er die Biene nicht finden konnte, wandte sich sein Zorn gegen alle Bienen. „Ihr bösen Bienen, ihr! wartet, ich werde euch bezahlen." Er nahm Erde und warf damit nach den Bienenstöcken. Bald umschwirrten ihn viele Bienen. Er griff nach einem Stock und schlug um sich, allein es half Alles nichts: die Bienen zerstachen ihm Hände und Gesicht ganz jämmerlich. Heulend kam er zu Hause an. Er bekam ein geschwollenes Gesicht, daß er drei Tage die Schule nicht besuchen konnte. Der Vater aber sprach: „Ich habe dich oft gebeten, Deinen Zorn zu mäßigen, denn der Zorn thut nicht, was recht ist. Du hast nicht hören wollen, nun mußt Du fühlen."

---

16. Die gute Tochter.

Die Mutter lag krank und litt große Schmerzen. Alle Kinder im Hause waren traurig und niedergeschlagen. Die größeren knieten oft zusammen nieder und beteten, daß Gott die Mutter wieder möchte gesund werden lassen.

Das kleinste Kind stand fast den ganzen Tag bei dem Bette der Mutter und fragte beständig, wann sie wieder gesund werde und aufstehen würde. Einst sah es bei dem Krankenbette ein Arzneiglas stehen und fragte: „Mutter, was ist das?" Die Mutter antwortete: „Kind, das ist etwas gar Bitteres, und ich muß es doch trinken, damit ich wieder gesund werde." „Mutter," sagte das gute Kind, „wenn es so bitter ist, will ich es für Dich trinken, damit Du wieder gesund werdest."

Und die kranke Mutter hatte bei all' ihren Schmerzen Trost und Linderung, da sie sah, wie sehr sie von ihren Kindern geliebt wurde.

Gute Kinder sind die Freude und der Trost der Eltern.

---

17. Was ein Vöglein von einem Knaben sagt.

Knabe: „Immer soll ich lernen,
Und stets fleißig sein;
Möchte gern im Freien
Mich am Spiel erfreu'n."

Weinend warf der Knabe
Seine Bücher hin,
Horch! da sang ein Vogel
Mit gar frohem Sinn:

Vogel: „Wer nicht gerne lernet,
Hat nie frohen Muth,
Und dem geht's im Leben
Nun und nimmer gut."

„Sitz' auch ich im Käfig.
Sing' doch frisch und froh;
Mach' es, lieber Knabe,
Mach es ebenso!"

---

18. Die Feder.

Feder, das ist nichts Schönes von Dir, daß Du so ungeschickt bist bei mir; schreibst mit der Schwester so schön und geschwind, bei mir es nur Hühnertrappen sind. Komm' Feder, gib' Dir rechte Müh', daß ich auch so schön schreiben kann, wie sie!

Die Feder sagte nicht ein Wort; sie machte still ihre Striche fort, das Kind auch führte sie ganz sacht bei jedem Buchstaben mit Bedacht; bald standen alle die Zeilen da, daß Jeder d'ran seine Freude sah.

---

19. Die Quelle.

An einem heißen Sommertage ging der kleine Franz über Feld. Seine Wangen glühten von Hitze und er lechzte vor Durst. Da kam er zu einer Quelle, die im grünen Schatten einer Eiche hell wie Silber, aus einem Felsen hervorbrach.

Franz trank sogleich von dem eiskalten Wasser und sank fast ohnmächtig zur Erde. Er kam krank nach Hause und verfiel in ein gefährliches Fieber. „Ach," seufzte er auf seinem Krankenbette, „wer hätte es jener Quelle angesehen, daß sie ein schädliches Gift enthalte."

Allein Franz's Vater sprach: „Die reine Quelle ist an Deiner Krankheit nicht Schuld, sondern Deine Unvorsichtigkeit und Unmäßigkeit."

---

20. Sei vorsichtig!

Wenn Ernestine die Treppe hinab lief oder in der Küche der Mutter half, so sah sie immer nicht genug vor sich hin. Sie hatte die Augen bald hier, bald da, sah aber nicht auf den Weg oder auf das, was um sie herum sich befand. Oft genug fiel das Mädchen daher, riß sich Löcher in die Kleider, oder zerbrach Töpfe und Teller. „Ernestine," sagte die Mutter manchmal, „Ernestine, Du bist ein recht u n v o r s i c h t i g e s Kind und wirst Dir gewiß noch einmal einen großen Schaden zufügen!" Was die Mutter vorausgesagt hatte, ging auch richtig in Erfüllung. — Eines Tages sollte Ernestine aus dem Garten Petersilie holen. Sie lief nach ihrer gewohnten, hastigen Weise fort und sah nicht auf den Weg. Der Gärtner aber hatte eine Harke liegen lassen. Auf diese trat das unvorsichtige Kind so heftig, daß der Stiel schnell in die Höhe schlug und des Mädchens Nase sehr hart traf. Blutend und schreiend kam Ernestine nun ohne die Petersilie wieder in die Küche. — Die erschrockene Mutter wusch schnell das blutende Gesicht mit kaltem Wasser. Aber Ernestinen's Nase schwoll sehr an; auf der Stirne bekam sie eine dicke **Beule** und hatte noch lange nachher ein recht entstelltes Gesicht.

---

21. Die Finger.

Die Finger zankten hin und her, wer der wichtigste wohl wär'. „Still da, der Stärkste, der bin ich! Ihr seid nichts nütze ohne mich! Mehr, als ihr vier, thu' ich allein, d'rum muß ich euer König sein!" So schrie der **Daumen**. Schon geringer erhob die Stimm' der **Zeigefinger**: „Die gröbsten und die feinsten Sachen, kann ich allein am besten machen! Der Fleißigste und Tüchtigste bin ich, und d'rum der Wichtigste!" Der **Mittelfinger** rief: „Lernt Sitte! Als Herr steh' ich in eurer Mitte! Ich bin der Längste und Größte und darum auch der Allerbeste!" Da sagte der **Goldfinger**: „Seht, ich merke, daß ihr nichts versteht! Mich schmücken Gold und Edelstein; d'rum muß ich mehr als ihr doch sein!" Der kleine Finger stille schwieg und mischte sich nicht in den Krieg. Da riefen ihm die Anderen zu: „Sprich doch! Was nützest denn nur du?" Er sprach: „Geschaffen hat mich Gott wie euch — doch nicht zu eurem Spott! der mich gebildet, wird auch wissen, wozu ich werde nützen müssen! Er hat ja Alles in der Welt, auf seinen rechten Platz gestellt. Wer thut und leistet, was er kann, was Gott will, der hat recht gethan!" — Die anderen hörten, was er sprach, und dachten wohl darüber nach; still überlegten sie es sich, und sprachen dann einmüthiglich:

„Hast wahr gesprochen, lieber Kleiner!
Du bist so gut, als unser einer!"

---

22. Heut' soll ein Schneemann werden!

Heut' soll ein Schneemann werden, kommt her, ihr Kinder

all'! Es macht nicht viel Beschwerden, kommt her und rollt den Ball! — Hei, wie der Ball sich rundet, als wie ein Riesenrumpf! Nun schafft, mit mir verbündet, und meistert an dem Stumpf! — Erst muß er Beine haben und dann den vollen Bauch, die Schultern dann begaben wir mit zwei Armen auch. Ein Kopf wie einen Recken, wird ihm dann aufgesetzt, und in die Rechte stecken wir ihm ein Schwert zuletzt. Vom Kopf bis zu den Sohlen wirst du gleich fertig sein; ich setz' nur ein paar Kohlen dir noch als Augen ein. Wer weiß, was jetzt noch fehle? Die Nase selbst sitzt d'ran. Es fehlt ihm nur die Seele, dann wär's ein ganzer Mann.

23. Wie geht es in der verkehrten Welt.

So geht's in der verkehrten Welt:
    Da wird der Tisch auf die Uhr gestellt;
    Der Hahn legt Eier, die Henne kräht,
    Der Garten wird in die Blumen gesät.
    Da wird die Mutter vom Kinde gewiegt,
    Die Taube schwimmt, der Karpfen fliegt.
    Das Kälbchen führt den Schlächter am Seil,
    Und das Schwein zerhackt ihn mit dem Beil.
    Da wäscht die Kuh die Mägde rein.
    An den Hühnern wärmt sich der Sonnenschein.
    Das Nest hat sich auf die Taube gesetzt,
    Und die Schafe werden auf die Hunde gehetzt.

24. Ich weiß, ich weiß,

wenn es kalt ist, ist's nicht heiß, wer nicht groß ist, der ist klein, und was grob ist, ist nicht fein; was nicht schmal ist, das ist breit; was nicht eng ist, das ist weit; was nicht fern ist, das ist nah, und wer nein sagt, sagt nicht ja. Was nicht trocken ist, ist naß, — ist's nicht dies, so ist es das.

25. Ich weiß nicht, ich weiß nicht,

wie viel Sternlein geben Licht, wie viel Bäume in den Wäldern, wie viel Gräslein auf den Feldern, wie viel Vöglein in den Lüften, wie viel Lämmlein auf den Triften, wie viel Fischlein in dem See, wie viel Flöcklein in dem Schnee, wie viel Mücklein sich wohl jagen, — alles dies kann ich nicht sagen.

---

26. Kuh und Kalb.

Kuh, die weiße Milch uns gibt,
Bist ja heute so sehr betrübt;
Sprangst auf der grünen Weide doch
Gestern so froh mit dem Kälbchen noch;
Heute sprichst du kläglich: Muh, muh!
Sag' was fehlt dir, liebe Kuh?

Ach, der Fleischer ist früh gekommen
Hat mir mein buntes Kälbchen genommen,
Gab ihm gar manchen harten Schlag.
Kind darf froh bei den Eltern sein,
Fleischer macht tobt das Kälbchen mein.

---

27. Dieb und Hund.

Dieb: Still, Hündchen, still und sei gescheit, beiß nicht! Ich thu' dir ja kein Leid, will dir eine schöne Bratwurst geben.

Hund: Mit nichten, darum bell' ich eben. Ich seh's, Du willst nur stehlen hier, darum thust du so schön mit mir.

Der Hund, der treue, bellte mit Macht; das hörte man weithin durch die Nacht; es erwachten die Leute im Hause drinnen. Da schlich sich der böse Dieb von hinnen und fürchtete sich und kam nicht wieder; still legte der gute Hund sich nieder.

28. Der kleine Gernegroß.

War einst ein kleiner Gernegroß, fünf Jahre alt und ein halbes bloß. „Ei" — spricht er — „ich bin nicht mehr klein; ich kann wohl ein Herr schon sein!"

Er nimmt des Vaters Stock und Hut und läuft hinaus mit stolzem Muth und merkt es nicht, der kleine Tropf, daß halb im Hute steckt der Kopf.

Und alle Leute bleiben steh'n und lachend auf das Herrchen seh'n: „Ei Hut, was hast du denn im Sinn, wo willst du mit dem Jungen hin?"

---

29. Das Goldfingerchen.

Das Goldfingerchen hatte einen Ring angezogen mit Edelsteinen und Perlen, die glänzten wie der Sonnenschein auf dem Wasser. Da wurde das Goldfingerchen hochmüthig und wollte nicht mehr mit den andern gehen, und sagte: „Ich bin besser als ihr andern alle." Als das die übrigen Finger hörten, wurden sie zornig, und der Daumen sprach: „Willst du nicht mehr mit uns gehen, so wollen wir auch nicht mit dir gehen, und dir gar nichts mehr helfen." — Und so blieben sie drei Tage unwillig gegen einander. Da wollte das Goldfingerchen ein Blümchen pflücken, aber der Daumen sprach: „Ich helfe dir nicht, weil du so hochmüthig bist;" und es mußte die Blume stehen lassen. Hernach wollte es eine Kirsche vom Bäumchen brechen; aber die andern wollten nicht helfen, weil es so hochmüthig war, und es es mußte die Kirsche hängen lassen. Darauf wollte es ein Strümpfchen stricken; allein die andern wollten nicht helfen, weil es so hochmüthig war, und es konnte nicht stricken und mußte die Stricknadel fallen lassen. Da sah es, daß es nichts machen konnte, ohne die andern, und es war ihm leid, daß es so hochmüthig gegen seine Geschwister gewesen war. Und es weinte laut und bat sie um Verzeihung. Als sie das sahen, da wurden sie ihm wieder gut und halfen ihm wieder, und die Finger wurden nun niemals wieder uneinig.

30. Die Nußschale.

Das kleine Lieschen fand in dem Garten eine Nuß, die noch mit der grünen Schale überzogen war.

Lieschen sah sie für einen Apfel an und wollte sie essen. Kaum hatte sie aber hinein gebissen, so rief sie: "Pfui, wie bitter!" und warf die Nuß weg.

Konrad, ihr Bruder, der klüger war, hob die Nuß sogleich auf, schälte sie mit den Zähnen ab und sagte: "Ich achte diese bittere Schale nicht; weiß ich doch, daß ein süßer Kern darin verborgen steckt, der mir dann desto besser schmecken wird."

"Achte keiner Mühe Bitterkeit,
Die Dich mit süßem Lohn erfreut."

---

31. Der Regenbogen.

Nach einem furchtbaren Gewitter erschien ein lieblicher Regenbogen am Himmel. Der kleine Heinrich sah eben zum Fenster hinaus und rief voll Freude: "Solche wunderschöne Farben habe ich in meinem Leben noch nicht gesehen. Dort bei dem alten Weidenbaume am Bache reichen sie aus den Wolken bis auf die Erde herab. Gewiß tröpfeln alle Blättlein des Baumes von den schönen Farben. Ich will eilends hin und alle Muschelschalen in meinem Farbekästlein damit füllen." Er sprang, so schnell er konnte, dem Weidenbaume zu; allein zu seinem Erstaunen stand der arme Kleine nur im Regen da, und ward nicht das Geringste von einer Farbe gewahr. Ganz durchnäßt vom Regen, ging er traurig wieder heim und klagte sein Mißgeschick dem Vater.

Der Vater lächelte und sprach: "Diese Farben lassen sich in keine Schale auffassen; die Regentropfen scheinen nur im Glanze einige Augenblicke so schön gefärbt. Diese schöne Farbenpracht aber ist nichts Wirkliches und hat keinen Bestand. Und so, liebes Kind, ist es mit aller Herrlichkeit der Welt: sie dünkt uns Etwas zu sein, aber ist nur eitler Schein. Darum:

Laß dich vom Scheine nicht betrügen,
Sonst kehrt in Schmerz sich das Vergnügen.

32. Die Rosen und die Bienen.

Adolph wollte einmal eine Rose pflücken und stach sich an den Dornen, daß er brennende Schmerzen fühlte; ein anderes Mal wollte er von einem Bienenstocke Honig naschen und die Bienen versetzten ihm mehrere sehr schmerzliche Stiche.

„Aber warum," sprach er zu seinem Vater, „haben doch die schönen Rosen so spitzige Dornen und die honigreichen Bienen so giftige Stacheln?"

„Es ist nur zur Erinnerung," sprach der Vater, „daß selbst das Schöne und Süße in der Natur den unvorsichtigen Menschenkindern verderblich werden könne." Laß es dir deshalb gesagt sein:

Was schön und süß, hat man wohl gern,
Doch die Gefahr ist niemals fern.

---

33. Der Weinstock.

Ein Gärtner hatte an seinem Hause einen Weinstock gepflanzt, der die ganze Hauswand mit seinen Blättern bedeckte und sehr köstliche Trauben trug.

Sein Nachbar beneidete ihn darum, und schnitt einmal bei Nacht mehrere der schönsten Rebenzweige ab.

Als der Gärtner am Morgen den Weinstock erblickte, ward er sehr betrübt, denn damals wußte man noch nicht, wie gut dem Weinstock das Beschneiden sei.

„Ich möchte weinen," sprach der Gärtner, „wie jetzt der Weinstock über seine Verstümmelung zu weinen scheint." Allein, sieh' da, der Weinstock trug in diesem Jahre so viele und so schöne Trauben, wie noch in keinem der vorigen Jahre, der Gärtner aber kam auf den glücklichen Gedanken, die Weinstöcke durch Beschneiden fruchtbarer zu machen.

Womit ein Feind zu schaden denkt,
Wird uns von Gott zum Heil gelenkt.

34. Die Eiche und die Weide.

Eines Morgens, nach einer furchtbar stürmischen Nacht, ging Vater Richard mit seinem Sohne Hermann in das Feld hinaus, um zu sehen, was der Sturm für Schaden angerichtet habe.

Der kleine Hermann rief: „Ei, sieh' doch Vater, die stärkste Eiche liegt dort auf dem Boden hingestreckt, die schwache Weide hier am Bache aber — was mich wundert — steht noch schlank und aufrecht da. Ich hätte gemeint, der Sturmwind wäre mit der Weide leichter fertig geworden, als mit der Eiche."

„Kind," sagte der Vater, „die stolze Eiche, die sich nicht biegen kann, mußte brechen; die Weide aber gab nach und beugte sich vor dem Sturmwinde, und so konnte er ihr nichts anhaben."

Mit Starrsinn bringt man es nicht weit,
Viel besser ist Nachgiebigkeit.

---

35. Fritz und sein Steckenpferd.

Da ist einmal ein Knabe gewesen, der hat Fritz geheißen. Und wenn der kleine Fritz mit seinem Papa spazieren gegangen ist, da hat er immer gesagt: „Papa, laß mich deinen Stock ein Bißchen tragen." — Der Papa hat ihm auch manchmal den Stock gegeben. Da hat denn der Fritz den Stock zwischen die Beine genommen und ist darauf geritten. Dazu aber ist er recht sehr gerannt und hat dabei immer geschrieen: „Hopp, hopp, Schimmel! Lauf zu!"

„Fritzchen, Fritzchen," hat da der Vater gesagt, „springe mir nicht zu sehr, du wirst fallen!" Aber Fritzchen hat nicht darauf gehört und ist immer toller gesprungen. Da liegt ein Stein im Wege. Über diesen will Fritz auch mit seinem Schimmel springen. Aber da kommt ihm der Stock in die Beine. Fritzchen stürzt und fällt mit der Nase auf den harten Weg, daß das Blut heraus schießt. „Au! Au! Papa! Meine Nase!" schreit er. Papa aber sagt: „Siehst du, Fritzchen, so geht's, wenn man dem Papa nicht folgt."

36. Vöglein, Blümlein und Wässerlein.

Vöglein im hohen Baum,
Klein ist's, ihr seht es kaum,
Singt doch so schön,
Daß wohl von nah und fern
Alle die Leute gern'
Horchen und steh'n.

Blümlein im Wiesengrund
Blühen so lieb und bunt,
Tausend zugleich,
Wenn ihr vorübergeht,
Wenn ihr die Farben seht,
Freuet ihr euch.

Wässerlein fließet so fort
Immer von Ort zu Ort
Wieder in's Thal;
Dürstet nun Mensch und Vieh,
Kommen zum Bächlein sie,
Trinken zumal.

Habt ihr es euch bedacht.
Wer hat so schön gemacht
Alle die Drei?
Gott der Herr machte sie,
Daß sich nun spät und früh,
Jedes b'ran freu'.

37. Der Mond als Schäfer.

Wer hat die schönsten Schäfchen? Die hat der goldne Mond, der hinter unsern Bäumen am Himmel drüben wohnt. Er kommt am späten Abend, wenn alles schlafen will, hervor aus seinem Hause zum Himmel leis' und still. Dann weidet er die Schäfchen auf seiner blauen Flur; denn all' die weißen Sterne sind seine Schäfchen nur. Sie thun sich nichts zu Leide, hat ein's das and're gern' und Schwestern sind und Brüder da droben, Stern an Stern. Wenn ich gen Himmel schaue, so fällt mir immer ein: O laß uns auch so freundlich, wie diese Schäfchen sein!

---

38. Reinheit.

Rein gehalten dein Gewand,
Rein gehalten Mund und Hand.
Rein das Kleid von Erdenputz,
Rein von Erdenschmutz die Hand.
Sohn, die äuß're Reinlichkeit
Ist der innern Unterpfand.

---

39. Dank und Bitte.

Was ich jetzt gelernet habe,
Gott ist einzig deine Gabe,
Schenke nur auch dies dazu,
Daß ich nach der guten Lehre,
Die ich in der Schule höre,
Auch beständig denk' und thu'!

---

39. Morgengebet.

Vater im Himmel, erhöre mich!
Gib mir, o gib mir an jeglichem Morgen
Liebe zum Lernen und Lust zum Gehorchen,
Weiser und besser zu werden durch dich —
Vater im Himmel, erhöre mich!

---

40. Ein anderes.

Ich thu' die hellen Augen auf
Und schau', o Gott, zu dir hinauf.
Du hast mich in der dunkeln Nacht,
Sanft schlafen lassen und bewacht.
Behüte mich auch diesen Tag,
Daß mich kein Uebel treffen mag!

---

41. Abendgebet.

Guter Vater im Himmel, du,
Meine Äuglein fallen zu,
Will mich in mein Bettchen legen,
Gib nun du mir deinen Segen.
Lieber Gott! Das bitt' ich dich:
Bleib bei mir, hab Acht auf mich.

---

42. Ein anderes.

Müde bin ich, geh' zur Ruh,
  Schließe meine Äuglein zu
Vater! Laß die Augen dein
  Ueber meinem Bette sein.

---

43. Sprüche.

Rede wenig, aber wahr:
Vieles Reden bringt Gefahr.

———————

Behandle Andere immer so, wie du wünschest, daß sie dich behandeln.

———————

Fleiß und Dankbarkeit gefällt,
Undank haßt man in der Welt.

———————

Was du nicht willst, das man dir thu',
Das füg auch keinem Andern zu.

———————

Hast du genug und Überfluß,
Denk auch an den, der darben muß.

———————

Danket dem Herrn, denn er ist freundlich, und seine Güte währet ewiglich.

———————

Befiehl dem Herrn deine Wege und hoffe auf ihn; er wird's wohl machen.

———————

Du sollst Gott, deinen Herrn, lieben von ganzem Herzen, von ganzer Seele, von ganzem Gemüthe und von allen deinen Kräften. —